LIEBESFILME
FÜR MÄNNER!
STEIN
by cYm

DU HATTEST RECHT – MÄNNER SIND TOTAL EINFACH GESTRICKT!
STEIN
by cYm

MANN OMANN!

Uli Stein

by CHEEKYMOUSE

LAPPAN

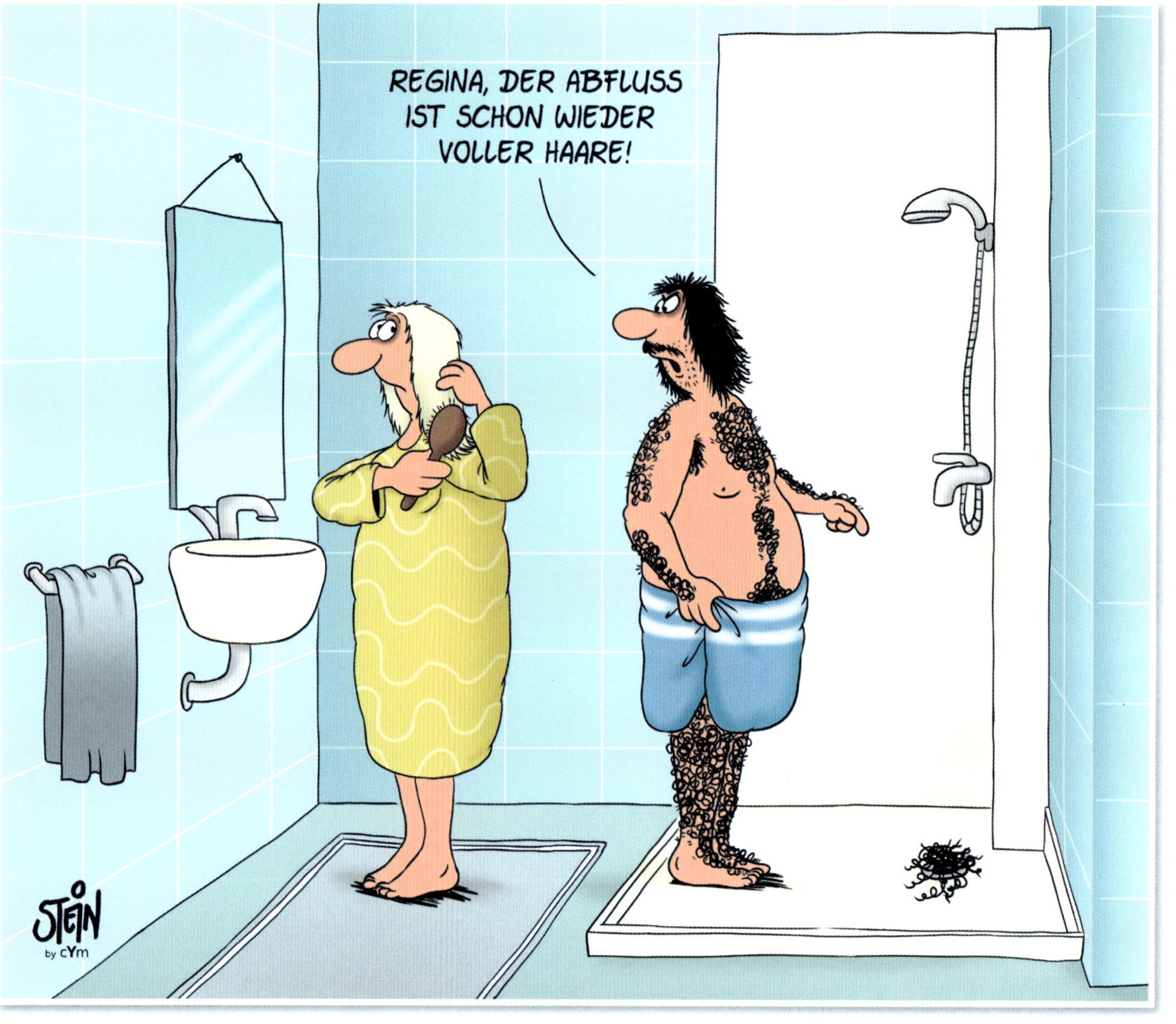
REGINA, DER ABFLUSS IST SCHON WIEDER VOLLER HAARE!
STEIN by cYm

KÖDER! NICHT
KÖTER!
STEIN
by cYm

WENN ALLE STRICKE REISSEN, KÖNNTE ICH IMMER NOCH MEINEN KÖRPER VERKAUFEN.
DAS WÄRE ABER NUR EIN MINIJOB.
STEIN by cYm

DU KANNST DOCH NICHT EINFACH SCHLUSS MACHEN, LISA!
STEIN by cYm

DAS WÄRE DANN ALLES, WAS WIR AN SCHUTZAUSRÜSTUNG DA HABEN. WAS FÜR EINE ART KAMPFSPORT MACHEN SIE DENN?
ICH HABE DEN HOCHZEITSTAG VERGESSEN!
SPORT
STEIN
by cYm

HABEN SIE AUCH TANZSCHUHE MIT STAHLKAPPEN?
STEIN by cym

WAS MACHST DU DA?! DU HAST DOCH KEINE AHNUNG VON AUTOS!
DER MOTOR WURDE SCHON MAL NICHT GEKLAUT.
STEIN
by cYm

ICH WÜRDE ES SONST AUCH NICHT GLAUBEN, ABER DIE ZWEITE WAAGE BESTÄTIGT ES: ICH WIEGE 50 KILO!
STEIN by cYm

ICH BIN AUF DER SUCHE NACH MIR SELBST.
WAR JA KLAR, NIE FINDEST DU WAS!
STEIN by CYM

ABER ICH BITTE SIE, WAS SOLLTE ICH DENN MIT SO EINEM GROSSEN BAUM?!
STEIN
by cYm

MAN DARF EBEN NICHT EINKAUFEN, WENN MAN HUNGER HAT.
ERWIN, DU WARST IM COMICLADEN!!!
STEIN by cym

IST EINE WEILE HER, DASS ICH
BEI DER PEDIKÜRE WAR.
STEIN
by cYm

ICH HAB DAS FEUER ENTDECKT. JETZT KÖNNEN WIR UNS AUCH NACHTS ANSEHEN!
NA KLASSE! GANZ TOLL!
STEIN
by cYm

MEDITATION FÜR FRAUEN

MEDITATION FÜR MÄNNER

NUN HAB ICH DIE DUNSTABZUGSHAUBE REPARIERT, SIE FUNKTIONIERT BESSER ALS VORHER UND DU MECKERST IMMER NOCH?!
STEIN
by cYm

VERGISS DAS NIE, BILL, GANZ GLEICH, WAS PASSIERT, ECHTE MÄNNER SITZEN IMMER FEST IM SATTEL.
STEIN by CYm

AUF DATINGPORTALEN ZEIGEN ALLE NUR DIE VORTEILHAFTESTEN BILDER VON SICH!
GUTE FRAU, IHRE SIND LOCKER 40 JAHRE ALT!
STEIN
by cYm

NEIN, ES KANN NICHT BIS ZUR HALBZEITPAUSE WARTEN!
STEIN
by cYm

DAS SIEHT MIR NICHT WIE DER WEG ZUR SCHATZKAMMER AUS.
STEIN
by cYm

UND WIE HOCH WAR DIESE VIAGRA-ÜBERDOSIS, DIE SIE VORGESTERN EINGENOMMEN HABEN?
STEIN by cYm

SCHATZ, WO GEHST DU HIN? DIE GIOVANNI-ZARELLA-SHOW FÄNGT GLEICH AN!
ICH BIN KURZ ZIGARETTEN HOLEN!
STEIN by cYm

FREU DICH! ICH HABE DIE EDDING-KRITZELEIEN AUS DEINEM ALTEN TRIKOT RAUSGEKRIEGT!
TRIKOT? ABER AUSSER DEM WM-TRIKOT VON 1990 MIT SÄMTLICHEN UNTERSCHRIFTEN DER NATIONALMANNSCHAFT HABE ICH DOCH GAR KEIN TRIKOT!
STEIN
by cYm

JÜRGEN, LASS IHN. ER IST IN SEINER TROTZPHASE.
STEIN
by cYm

NA SICHER IST GESCHLECHTERGERECHTIGKEIT EIN THEMA FÜR MICH. DIE FRAUENQUOTE IN MEINER EHE BETRÄGT 50 PROZENT!
STEIN by cYm

WAS IST MIT DEM HIER, ERWIN?
DER WÄRE DOCH GROSS GENUG
FÜR DEIN EGO!
Gebrauchtwagen
STEIN
by cYm

SCHATZ, JETZT BIN ICH ABER MAL WIEDER DRAN MIT EMANZIPIEREN!
STEIN
by cYm

WO HAST DU DENN JETZT NOCH GRILLFLEISCH HERBEKOMMEN?
PAPA? HASI IST WEG!
STEIN by cYm

SCHÖN, DASS DU ES DOCH NOCH GESCHAFFT HAST.
NIEMALS SAGE ICH UNSEREN SKATABEND AB!
STEIN by cYm

ICH GLAUBE, DER TYP LABERT NUR SCHEISSE!
STEIN by cYm

ERWIN ÜBT SEHR FLEISSIG FÜR DEN ANGELSCHEIN.
STEIN by cYm

SOS
FREIBIER

JUNGE, WARUM GIBST DU MIR DEN VIERZEHNER ROHRSCHLÜSSELDREHMOMENTZYLINDERINDUKTIONSSCHRAUBER, WENN ICH DICH NACH DEM ZWÖLFER PNEUMATISCHEN RATSCHENSCHRAUBSPANNUNGSPRÜFERWINKELMESSER FRAGE? PASS DOCH MAL AUF!
STEIN
by cYm

JUNGS, IHR HABT DOCH PAUSE, WARUM WIRD HIER NOCH GE...
W-W-WEITER RE-E-ECHTS! JA-A-A! GE-E-ENAU DA-A-A! A-A-A-A-A-A-AH!
STEIN by cym

MEIN ANZUG IST IN DER REINIGUNG. DA HAB ICH EINFACH EINEN VON DEINEM BRUDER ANGEZOGEN.
MEIN BRUDER IST 1979 GESTORBEN!
STEIN
by cYm

ICH HABE SIE KOMMEN LASSEN, UM MIT IHNEN ÜBER DAS AUFFÄLLIG KONSERVATIVE FRAUENBILD IHRES SOHNES ZU SPRECHEN.
7+x=
STEIN
by cYm

MEINE FRAU VERSTEHT MICH NICHT!
HABT IHR DENN SO UNTERSCHIEDLICHE LEBENSZIELE UND WERTVOR-STELLUNGEN?
NEIN, SIE IST SCHWEDIN ...
STEIN by cYm

WIE KOMMST DU VORAN MIT DEINEM BUCH „DURCHSETZUNGSFÄHIGKEIT FÜR MÄNNER"?
ICH HABE EINE SCHREIBBLOCKADE.
STEIN by cYm

2
STEIN
by cYm

DU SOLLTEST MAL DEINEN TESTOSTERONSPIEGEL CHECKEN LASSEN, ERWIN.
STEIN by cYm

GRUPPEN-
THERAPIE-RAUM
THEMA HEUTE:
SOZIALPHOBIE
STEIN
by cYm

SAUNA
EBERNA
SO, HIER TRENNEN
SICH UNSERE WEGE.
STEIN
by cYm

NOCH EINE RUNDE
FÜR DEN STAMMTISCH.
STEIN
by cYm

GUTEN TAG! SPRECHE ICH MIT DEM HERRN DES HAUSES?
MOMENT, BITTE MARTHA!
STEIN by cYm

PAPA, WÜRDE ES DIR ETWAS AUSMACHEN, EIN WENIG LEISER ZU SPIELEN?
STEIN by cYm

MANCHMAL DENKE ICH,
WIR SIND EINFACH ZU
VERSCHIEDEN ...
STEIN
by cYm

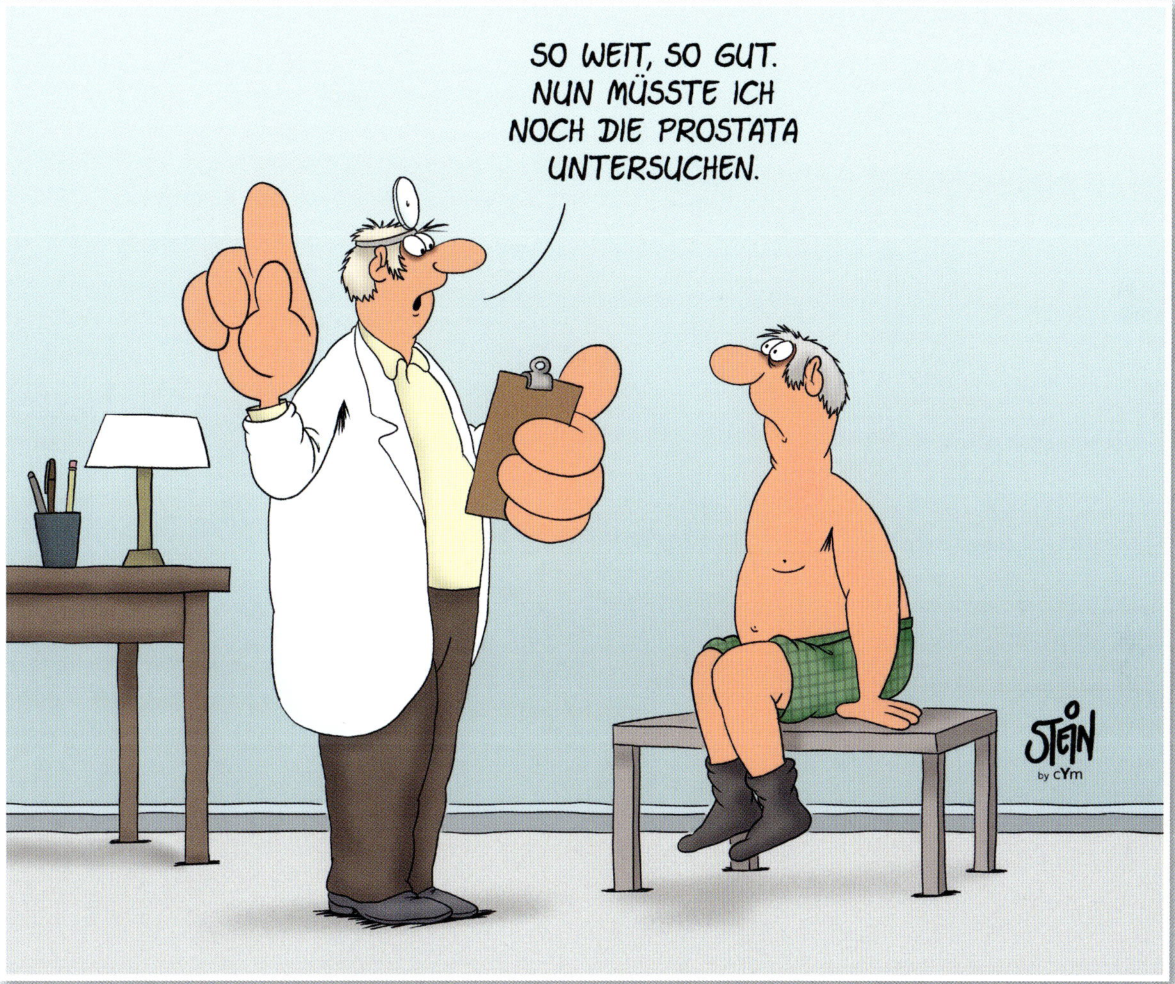
SO WEIT, SO GUT. NUN MÜSSTE ICH NOCH DIE PROSTATA UNTERSUCHEN.
STEIN by cYm

NA, HAST DU MAL WIEDER ETWAS REIS FÜR UNS BEIDE GEKOCHT?
STEIN
by cYm

BIER?
NEIN DANKE, ICH BIN TROCKEN-BAUER!
STEIN
by cYm

BERND PRAKTIZIERT METHOD ACTING, UM SICH OPTIMAL AUF SEINE ROLLE BEI DEN ENKELN VORZUBEREITEN.
HO, HO, HO!
STEIN by cYm

GENDERN STÄRKT SEHR WOHL DIE GLEICHBERECHTIGUNG DURCH SPRACHLICHE SICHTBARKEIT ALLER GESCHLECHTER!
STEIN by cYm
DER NEUE *INNEN-VERTEIDIGER NAHM SEINE POSITION SEHR ERNST ...

ABER DU HAST DOCH AUCH EINEN HOBBYRAUM!
DEN NENNT MAN HAUSWIRTSCHAFTSRAUM!
STEIN by cYm

MARTHA, ICH WERDE SCHWERMÜTIG!
STEIN
by cYm

HAST DU ZU HAUSE
WIEDER KRACH?
STEIN
by cYm

LETZTES JAHR VATERTAG
HABEN SIE ES WENIGSTENS NOCH
VOM HOF RUNTER GESCHAFFT.
STEIN
by cYm

VERSTEHE ICH SIE RICHTIG? SIE HABEN IHREN RESPEKT VERLOREN?!
BRAVO, SPATZENHIRN!
FUNDBÜRO
STEIN by cYm

VIELLEICHT HAST DU DEN FLIESENMÖRTEL DOCH ETWAS ZU DÜNN ANGEMISCHT?
STEIN
by cYm

ICH HABE MICH BEIM RASIEREN GESCHNITTEN!
NOTAUFNAHME
UND DAFÜR KOMMEN SIE IN DIE NOTAUFNAHME?

NOTAUFNAHME
STEIN by CYm

DU MASSIERST HEUTE SO WUNDERBAR! HATTEST DU WIEDER ÄRGER IM BÜRO?
STEIN by cYm

UBS
JEMANDEN MIT IHRER ERFAHRUNG KÖNNTEN WIR HIER SCHON GUT GEBRAUCHEN!
UBS
UBS
STEIN by cYm

SCHON NICHT SCHLECHT, ABER ETWAS ZU RUCKARTIG.
STEIN
by cYm

ER IST STUBENREIN, ABER ER BADET UNGERN UND VERLIERT MOMENTAN VIELE HAARE.
OH, DAS KENNE ICH.
STEIN by cYm

JUNGS, WEM GEHÖRT DER SUV IN DER EINFAHRT?
STEIN
by cYm

SIE LEGEN MIT IHREN VERALTETEN VORSTELLUNGEN VON MÄNNLICHKEIT EIN ENORM STEREOTYPES VERHALTEN AN DEN TAG!
STEIN by cYm

ICH KOMME LANGSAM DAHINTER, WAS ABSEITS BEDEUTET ...
1. FC
1.FC
STEIN
by cYm

DU HAST DICH DAMIT
ALS MANN BEWIESEN
UND BIST NUN EINER
VON UNS.
STEIN
by cYm

VERGISS ES ! ICH HABE MEINER FRAU VERSPROCHEN, KEINE RENNEN MEHR ZU FAHREN!
STEIN by cYm

GAB ES KEINE HULA-HOOP-REIFEN IN ÜBERGRÖSSEN?
STEIN
by cYm

SCHATZ, BITTE KOMM WIEDER NACH HAUSE! ICH BRAUCHE DICH!
STEIN
by cYm

POST?
UNSER NACHBAR LÄDT UNS ZUM GRILLEN EIN!
STEIN by cYm

SAG ES DOCH EINFACH GERADEHERAUS, WENN DU KRITIK AN MEINER JÄHRLICHEN GESCHENKEWAHL HAST.
STEIN by cYm

Uli Stein, (1946 – 2020) **war der erfolgreichste und bekannteste Cartoonist Deutschlands.**

Allein im deutschsprachigen Raum sind fast 14 Millionen Cartoonbücher von Uli Stein verkauft worden. Er hat damit nachhaltig die Cartoonszene geprägt.

Im Mittelpunkt seines künstlerischen Schaffens standen immer wieder Tiere, vor allem Hunde, die er leidenschaftlich liebte.

2018 gründete er die „Uli-Stein-Stiftung für Tiere in Not", die sich dem Tierschutz im In- und Ausland verschrieben hat und seine Anliegen weiterführt.

NEUE CARTOONS von ULI STEIN by CheekYmouse!

Tausende Cartoons hat Uli Stein gezeichnet, bevor er im Jahr 2020 im Alter von 73 Jahren starb. Der bekannteste Cartoonist Deutschlands hinterließ seinen Fans damit ein riesiges Gesamtwerk.

Der Lappan Verlag und Uli Steins Managerin Katja Seifert begleiteten Uli Stein seit seinen Anfängen als Cartoonist vor mehr als 40 Jahren und fühlen sich seinem Werk verbunden und verpflichtet. Um seine Arbeit fortleben zu lassen, haben sie nun beschlossen, sein Werk im Sinne und im Geist von Uli Stein weiterzuführen.

Wir waren uns einig, dass das nicht einer einzelnen Person, sondern nur einem Team gelingen kann und die Suche nach einem professionellen Studio begann. Es musste in der Lage sein, diese Herausforderung sowohl handwerklich als auch künstlerisch zu meistern. **Das Studio CheekYmouse wurde gegründet.** Es besteht aus hochtalentierten Kreativen, die unter dem Pseudonym CheekYmouse ihre unterschiedlichen Fertigkeiten zusammentragen, um neue Cartoons im Stil von Uli Stein zu entwickeln, zu zeichnen und zu kolorieren.

Unterstützt wird das Studio von Katja Seifert und kreativen Mitarbeiter*innen des Lappan Verlags. Sie kennen Ulis unverwechselbaren Humor seit Jahrzehnten und haben ihn vom Anfang bis zum Ende seiner kreativen Erfolgsgeschichte begleitet. Nur Cartoons, die der strengen Qualitätskontrolle dieses Teams standhalten, schaffen es in die Kollektion der neuen **Uli Stein-cYm-Cartoons.**

Der Lappan Verlag und Katja Seifert sind sich sicher: Uli Stein hätte seine Freude daran, dass sein Werk und der Geist seines Humors weitergeführt werden.

Freuen Sie sich auf neue Uli-Stein-Cartoons – auf Humor in Bestform!

1. Auflage 2025

ISBN 978-3-8303-3703-4

Mit Fragen zur Produktsicherheit wenden Sie sich bitte an:
www.carlsen.de/kontakt

Redaktion und Herstellung: Ulrike Boekhoff

Uli Stein im Internet: **www.ulistein.de**
Triff uns auf facebook.com/lappanverlag
und auf instagram.com/lappanverlag · **www.lappan.de**

MIX
Papier | Fördert gute Waldnutzung
FSC® C002795

Wir produzieren nachhaltig
- Klimaneutrales Produkt
- Papiere aus nachhaltigen und kontrollierten Quellen
- Hergestellt in Deutschland

ISBN 978-3-8303-3638-9

ISBN 978-3-8303-3679-2

HUNDE- und KATZEN-CARTOONS
von **ULI STEIN**
by CheekYmouse

ISBN 978-3-8303-4527-5

ISBN 978-3-8303-4528-2

ISBN 978-3-8303-3584-9

ISBN 978-3-8303-3695-1

ISBN 978-3-8303-4518-3

ISBN 978-3-8303-4519-0

ISBN 978-3-8303-4520-6

ISBN 978-3-8303-4521-3

ISBN 978-3-8303-4542-8

ISBN 978-3-8303-4540-4

*Mehr von **Uli Stein** und dem Programm von Lappan gibt's auf **www.lappan.de***

WISSEN SIE, WARUM ICH SIE ANGEHALTEN HABE?
HALT
NEIN?!?